Der letzte Idealist

Bibliografische Information der Deutschen
Nationalbibliothek: Die Deutsche Nationalbibliothek
verzeichnet diese Publikation in der Deutschen
Nationalbibliografie; detaillierte bibliografische
Daten sind im Internet über dnb.dnb.de abrufbar.

Herstellung und Verlag: BoD – Books on Demand,
Norderstedt

ISBN: 978-3-7534-6080-2

Nichts ist stärker
als ein gebrochener
Mensch, der sich selbst
wieder aufgebaut hat.

Autor unbekannt

Du weißt, dass du
die richtige Entscheidung
getroffen hast, wenn du
fühlst, wie der Stress
langsam aus deinem Körper
fließt.

Autor unbekannt

- Der letzte Idealist -

Wenn du erkennst,
dass es dir an nichts
fehlt, gehört dir die
ganze Welt.

Lao Tse

Positiv zu denken bedeutet
nicht, dass du immer
gut drauf sein musst.
Es bedeutet nur, dass du dir
an schlechten Tagen bewusst
machst, dass auch wieder gute
Tage kommen werden.

Autor unbekannt

- Der letzte Idealist -

Das Meiden
bestimmter Menschen
zum Schutz deiner
emotionalen Gesundheit
ist keine Schwäche.
Es ist Weisheit.

Autor unbekannt

- Der letzte Idealist -

Schwere Zeiten haben
auch ihre guten Seiten,
denn sie zeigen dir, auf
wen du dich bedingungslos
verlassen kannst.

Rumi

Sei stärker als deine stärkste Ausrede.

Autor unbekannt

Nur weil mein Weg
anders aussieht als
deiner, bedeutet das
nicht, dass ich mich
verlaufen habe.

Autor unbekannt

Selbst die
dunkelste Nacht wird
enden und die Sonne
wird aufgehen.

Victor Hugo

- Der letzte Idealist -

Je älter ich werde,
desto mehr erkenne ich,
dass ich keine Lust mehr
auf Stress, Konflikte
und Dramen habe. Ich
brauche gutes Essen, viel
Schlaf und Menschen,
die mich so mögen, wie
ich bin.

Autor unbekannt

- Der letzte Idealist -

Karma ist nicht die Rache
des Universums, es ist der
Spiegel deiner Taten.
Alle Dinge, die aus dir
kommen, kehren zu dir zurück.
Also brauchst du dich
nicht um das zu sorgen, was
du bekommst. Sorge dich um das,
was du gibst.

Autor unbekannt

Das Gesicht eines
Menschen erkennst du bei
Licht, seinen Charakter
im Dunkeln.

Konfuzius

- Der letzte Idealist -

Nur wenn man
miteinander redet
und dem anderen sagt,
was einem auf der
Seele liegt, kann man
Streit und falsche
Gedanken vermeiden.

Autor unbekannt

Löse dich von dem Gedanken, immer kämpfen zu müssen. Denn was gut ist und zu dir gehört, bleibt. Was bei dir sein will, kommt freiwillig. Und was gehen will, geht sowieso.

Autor unbekannt

- Der letzte Idealist -

Wer nicht weiß,
wohin er will, der
darf sich nicht
wundern, wenn er
ganz woanders ankommt.

Mark Twain

Pandemie hin oder her ...
Zu manchen Menschen
hätte man schon viel
früher Abstand halten
sollen.

Autor unbekannt

Reise und erzähle es
niemandem, lebe eine
wahre Geschichte
und erzähle es niemandem,
lebe glücklich und erzähle
es niemandem. Menschen
ruinieren schöne Dinge.

Kahlil Gibran

Wer anfängt zu
schweigen, spricht
härter mit einem
Menschen, als es
Worte je tun könnten.

Autor unbekannt

- Der letzte Idealist -

Nur wer selbst Narben
auf der Seele hat, kann
die Wunden anderer
Menschen auch sehen,
spüren und begreifen.

Autor unbekannt

- Der letzte Idealist -

Wenn du dich sorgst,
was andere Menschen
von dir denken, wirst
du immer ihr
Gefangener sein.

Lao Tse

Wenn dich jemand
schlecht behandelt:
Denke daran, dass bei
ihm was falsch läuft
und nicht bei dir.
Normale Menschen
gehen nicht umher
und zerstören
die Seelen anderer.

Autor unbekannt

Glück findest du nicht,
wenn du es suchst,
sondern wenn du zulässt,
dass es dich findet.

Autor unbekannt

Mut steht am
Anfang des Handelns,
Glück am Ende.

Demokrit

Entgifte dein Leben
und trenne dich von jedem,
der dich belügt, ausnutzt,
runtermacht oder
respektlos behandelt.

Autor unbekannt

Wer keine Fehler
macht, macht
wahrscheinlich
auch sonst nichts.

Autor unbekannt

- Der letzte Idealist -

Die Menschen
bauen zu viele Mauern
und zu wenig Brücken.

Isaac Newton

Wer etwas durch
Lügen erreicht hat,
wird es durch die
Wahrheit verlieren.

Autor unbekannt

- Der letzte Idealist -

Suche niemanden, der
deine Probleme löst,
sondern jemanden,
der dich mit ihnen
nicht alleine lässt.

Autor unbekannt

Nicht die Glücklichen
sind dankbar.
Es sind die Dankbaren,
die glücklich sind.

Francis Bacon

Jeder Mensch hat drei
Leben. Ein privates,
ein öffentliches
und eines, das sich
andere ausdenken.

Autor unbekannt

- Der letzte Idealist -

Warte nicht, bis der
Sturm vorüberzieht,
sondern lerne im Regen
zu tanzen.

Autor unbekannt

Besondere Menschen
erkennt man nicht,
man fühlt sie.

Buddha

Ich mag keine
Menschen, die überall
suchen, was sie stört.
Ich mag Menschen,
die überall was finden,
das sie fasziniert.

Autor unbekannt

- Der letzte Idealist -

Manchmal ist es so,
dass wir unser Leben
komplett durchschütteln,
verändern und neu
ordnen müssen, damit wir
dorthin gelangen, wo wir
hingehören.

Autor unbekannt

Die Dummheit
drängt sich vor, um
gesehen zu werden.
Die Klugheit steht
zurück, um zu sehen.

Carmen Sylva

Nennt mich verrückt,
aber ich liebe es,
andere Menschen
glücklich und zufrieden
zu sehen. Das Leben
ist eine gemeinsame
Reise und kein
Konkurrenzkampf.

Autor unbekannt

Ich mag Menschen,
die niemanden klein
machen müssen, um
sich selbst groß zu
fühlen.

Autor unbekannt

- Der letzte Idealist -

Behalte die Liebe
in deinem Herzen.
Ein Leben ohne sie
ist ein Garten ohne
Sonne und Blumen.

Oscar Wilde

.

Irgendwann kommt
der Moment, in dem du
entscheiden musst, ob
du die Seite umblätterst
oder das Buch schließt.

Autor unbekannt

Aussehen zieht an,
Charakter hält fest.

Autor unbekannt

Was du liebst,
lass frei. Kommt es
zurück, gehört es dir
– für immer.

Konfuzius

Hör auf zu warten. Auf
Freitag, auf den Sommer,
auf die Liebe deines Lebens.
Glücklich wirst du erst sein,
wenn du aufhörst zu warten
und das Beste aus dem Moment
machst, in dem du dich jetzt
gerade befindest.

Autor unbekannt

- Der letzte Idealist -

Je größer der
Dachschaden, desto
besser der Blick
auf die Sterne.

Autor unbekannt

- Der letzte Idealist -

Das Geheimnis der
Freiheit ist der Mut.

Perikles

Manchmal wird
der Freundeskreis
kleiner, aber dafür
wertvoller.

Autor unbekannt

Du musst nicht
lernen, mehr
auszuhalten, sondern
du musst lernen,
nicht mehr alles
zuzulassen.

Autor unbekannt

Wer hohe Türme
bauen will, muss
lange beim
Fundament verweilen.

Anton Bruckner

Kein Mensch war ohne
Grund in deinem Leben.
Der eine war ein Geschenk.
Der andere eine Lektion.

Autor unbekannt

Es nutzt nichts,
jemandem eine Brücke
zu bauen, der gar
nicht auf die andere
Seite will.

Autor unbekannt

- Der letzte Idealist -

Wenn du am Morgen
erwachst, denke daran,
was für ein köstlicher
Schatz es ist, zu leben,
zu atmen und sich
freuen zu können.

Mark Aurel

Es gibt immer
einen Weg. Man muss
ihn nur finden.

Autor unbekannt

Man kann nichts
rückgängig machen,
aber man kann es ab
heute anders machen.

Autor unbekannt

Achte auf deine Gedanken,
denn sie werden deine Worte.
Achte auf deine Worte, denn
sie werden deine Handlungen.
Achte auf deine Handlungen,
denn sie werden deine
Gewohnheiten. Achte auf deine
Gewohnheiten, denn sie werden
dein Charakter. Achte
auf deinen Charakter,
denn er wird dein Schicksal.

Talmud

Wenn Plan A nicht
funktioniert, keine
Panik, das Alphabet
hat noch 25 weitere
Buchstaben.

Autor unbekannt

Mache niemanden
zu deiner Priorität,
für den du nur eine
Option bist.

Autor unbekannt

Fordere viel von
dir selbst und erwarte
wenig von den anderen.
So wird dir viel Ärger
erspart bleiben.

Konfuzius

- Der letzte Idealist -

Mit der richtigen
Musik kannst du
entweder alles
vergessen oder dich
an alles erinnern.

Autor unbekannt

Wenn dir etwas
wirklich wichtig ist,
gibt es kein aber.

Autor unbekannt

Wer stark ist,
kann sich erlauben,
leise zu sprechen.

Theodore Roosevelt

– Der letzte Idealist –

Wir wachsen nicht,
wenn die Dinge
einfach sind. Wir
wachsen, wenn wir uns
Herausforderungen
stellen.

Autor unbekannt

- Der letzte Idealist -

Nichts ist wertvoller
als jemand, der ehrlich
zu dir ist.

Autor unbekannt

- Der letzte Idealist -

Glaube nichts, weil ein
Weiser es gesagt hat.
Glaube nichts, weil alle
es glauben. Glaube nichts,
weil es geschrieben steht.
Glaube nichts, weil es als
heilig gilt. Glaube nichts,
weil es ein anderer glaubt.
Glaube nur das, was du selbst
als wahr erkannt hast.

Buddha

Diese Pandemie hat uns allen gezeigt, dass so viele Dinge im Leben, die uns wichtig erschienen, letztendlich zweitrangig sind. Es hat uns gelehrt, was im Leben wirklich zählt: Familie, Freunde und Gesundheit.

Autor unbekannt

Ehrliche und offene
Menschen verlieren
vieles, aber niemals
ihr Gesicht.

Autor unbekannt

Ein Mensch lernt
wenig von seinem
Siege, aber viel von
seiner Niederlage.

japanische Weisheit

Wenn du im
Herzen Frieden hast,
wird dir die Hütte
zum Palast.

Autor unbekannt

Kämpfe niemals
um Aufmerksamkeit oder
Zuneigung. Wenn es dir
nicht freiwillig gegeben
wird, ist es nichts wert.

Autor unbekannt

- Der letzte Idealist -

Habe Hoffnungen, aber
niemals Erwartungen.
Dann erlebst du
vielleicht Wunder, aber
niemals Enttäuschungen.

Franz von Assisi

- Der letzte Idealist -

Erschaffe dir ein
Leben, das sich im
Inneren gut anfühlt.
Nicht eins, das nur
von außen gut aussieht.

Autor unbekannt

Die mit
Persönlichkeit findet
man immer außerhalb
des Rudels.

Autor unbekannt

Zeig einem schlauen
Menschen einen
Fehler und er wird
sich bedanken. Zeig
einem dummen Menschen
einen Fehler und er
wird dich beleidigen.

Lao Tse

Wer nur nach
dem Äußeren
geht, verpasst
die wunderbarsten
Menschen.

Autor unbekannt

Es ist in Ordnung,
nicht die ganze Zeit
in Ordnung zu sein.

Autor unbekannt

Ein Mensch, der wenig
lernt, trottet wie ein
Ochse durchs Leben; an
Fleisch nimmt er zu, an
Geist nicht.

Buddha

Wie wunderbar sind
Menschen, die Dinge
einfach tun, ohne
darauf bedacht zu sein,
was für sie selbst
dabei rausspringt.

Autor unbekannt

- Der letzte Idealist -

Wer recht haben will,
versucht immer, das
letzte Wort zu haben.
Wer wirklich recht hat,
hört auf zu sprechen.

Autor unbekannt

- Der letzte Idealist -

Der bewusst
gelebte Moment kann
reicher sein als
ein ganzer Tag.

Zen Weisheit

Sei der Mensch,
den du in
anderen suchst.

Autor unbekannt

Manchmal muss man
erst den falschen
Weg gehen, um den
richtigen zu finden.

Autor unbekannt

Die Menschen werfen
alle ihre Dummheiten
auf einen Haufen,
konstruieren ein
Ungeheuer und nennen
es Schicksal.

Thomas Hobbes

Manchmal ist
ein Rückzug nötig,
um Herz und Seele
zu schützen.

Autor unbekannt

Jeder Mensch, den
du triffst, hat
einen Kampf, über
den du nichts weißt.
Sei freundlich.

Autor unbekannt

Tolerant sein heißt,
Kraft zu besitzen, auf
Hass und Wut mit
Verständnis und Geduld
zu reagieren.

Buddhistische Weisheit

- Der letzte Idealist -

Nicht jeder muss
mich mögen. Es
reicht, wenn es die
Richtigen tun.

Autor unbekannt

- Der letzte Idealist -

Stolpere nicht
über etwas, das
hinter dir liegt.

Autor unbekannt

- Der letzte Idealist -

Wenn es nicht deins
ist, nimm es nicht.
Wenn es nicht richtig
ist, tu es nicht. Wenn
es nicht wahr ist, sag
es nicht. Wenn du es
nicht weißt, sei still.

japanische Weisheit

- Der letzte Idealist -

Nimm keine Kritik
von Leuten an, die
du nicht von dir aus um
Rat fragen würdest.

Autor unbekannt

Sei freundlich
zu unfreundlichen
Menschen.
Die brauchen es
am meisten.

Autor unbekannt

- Der letzte Idealist -

Nimm dir jeden Tag
die Zeit, still zu sitzen
und auf die Dinge zu
lauschen. Achte auf die
Melodie des Lebens, welche
in dir schwingt.

Buddha

Eines Tages wirst
du dir selbst danken,
dass du nicht
aufgegeben hast.

Autor unbekannt

Ich wünsche
allen Menschen, die ihr
Leben lang immer nur
kämpfen mussten, dass
sie endlich dafür
belohnt werden und zur
Ruhe kommen dürfen.

Autor unbekannt

- Der letzte Idealist -

Wenn du dich
umschaust und alles ist
dunkel, schau noch
einmal, vielleicht bist
du das Licht.

Rumi

Glück ist nicht,
die ganze Zeit das
zu bekommen, was
man will. Glück ist,
das zu lieben, was
du hast und dankbar
dafür zu sein.

Autor unbekannt

- Der letzte Idealist -

Eine alte Frau
hat mal gesagt, man
hat im Leben nur 1-2
Freunde, der Rest
sind nur Bekannte.
Heute kann ich sagen,
sie hatte Recht.

Autor unbekannt

- Der letzte Idealist -

Wir müssen
bereit sein, uns von
dem Leben zu lösen,
das wir geplant
haben, damit wir das
Leben finden, das auf
uns wartet.

Oscar Wilde

Tue nichts, um andere
zu beeindrucken.
Tue es, um dich selbst
glücklich zu machen.

Autor unbekannt

**Glück ist
kostenlos, aber dennoch
unbezahlbar.**

Autor unbekannt

- Der letzte Idealist -

Um klar zu sehen,
reicht oft ein Wechsel
der Blickrichtung.

Antoine de Saint-Exupéry

Vielleicht dauert
es einen Tag, ein Jahr.
Aber was wirklich
zusammengehört,
wird immer einen Weg
finden.

Autor unbekannt

- Der letzte Idealist -

Verlass dich auf
dein Herz. Es schlug
schon, bevor du
denken konntest.

Autor unbekannt

- Der letzte Idealist -

Letztendlich zählen
nur drei Dinge: wie
sehr du geliebt hast,
wie sanft du gelebt hast
und wie würdevoll du
die Dinge hast ziehen
lassen, die nicht für
dich bestimmt waren.

Buddha

Manche Menschen wollen ein großes Haus, ein schnelles Auto und viel Geld. Andere wollen eine kleine Blockhütte im Wald, möglichst weit von diesen Menschen entfernt.

Autor unbekannt

- Der letzte Idealist -

Vertrauen findest
du nur bei Menschen,
die mit deiner Seele
umgehen, als wäre es
ihre eigene.

Autor unbekannt

Wer die
Freiheit aufgibt,
um Sicherheit
zu gewinnen, der
wird am Ende beides
verlieren.

Benjamin Franklin

- Der letzte Idealist -

Lebe deine eigene
Melodie des Lebens
und tanze nicht nach
den Noten anderer,
denn die können dich
aus dem Takt bringen.

Autor unbekannt

Je weiser du wirst
und je bewusster du
lebst, desto verrückter
wirkst du auf andere.

Autor unbekannt

Wenn du verstehst,
dass andere anders
sind als du, dann
fängst du an weise
zu werden.

Zen Weisheit

- Der letzte Idealist -

Hinter jeder Wolke
steckt Sonnenschein.

Autor unbekannt

Man weiß nie,
wozu man fähig ist,
bis man aufsteht
und beschließt, es
zu versuchen.

Autor unbekannt

Glücklich bin ich,
wenn einer glücklich
ist, den ich liebe.

Sei Shonagon

Der richtige Partner
ist der, der neben dir
steht, wenn du
Entscheidungen treffen
musst, und hinter dir
steht, wenn sie falsch
waren.

Autor unbekannt

- Der letzte Idealist -

Vergiss, was dir
wehgetan hat. Aber
vergiss nie, was es
dich gelehrt hat.

Autor unbekannt

Wende dein Gesicht
der Sonne zu, dann
fallen die Schatten
hinter dich.

aus Uganda

- Der letzte Idealist -

Ich wünsche mir,
dass der Mensch, der
das jetzt liest,
eine extra Portion
Glück bekommt, ganz
viel Kraft, Gesundheit
und Zuversicht.

Autor unbekannt

Stress entsteht,
wenn wir leben,
um es anderen recht
zu machen.

Autor unbekannt

Sei gut zu dir und vergib
den anderen.

Buddhistische Weisheit

- Der letzte Idealist -

Nicht die Menschen,
die immer gewinnen
sind die stärksten,
sondern die, die
niemals aufgeben.

Autor unbekannt

Mit Mut fangen die
schönsten
Geschichten an.

Autor unbekannt

- Der letzte Idealist -

Arbeite, als würdest
du das Geld nicht
brauchen. Liebe, als
hätte dich nie jemand
verletzt. Tanze, als
würde niemand zusehen.
Singe, als würde niemand
zuhören. Lebe, als wäre
der Himmel auf Erden.

Mark Twain

Wenn man eine
Veränderung wirklich
möchte, wird der
Wille eines Tages
größer sein als die
Angst.

Autor unbekannt

- Der letzte Idealist -

Möge etwas, wonach
du dich von Herzen
sehnst, in Erfüllung
gehen.

Autor unbekannt